Apoio Escolar

Aprenda Matemática

Dados Internacionais de Catalogação na Publicação (CIP) de acordo com ISBD

P364a   Pecand, Kátia

          Apoio Escolar – Aprenda Matemática: Ovelha Rosa na Escola / Kátia Pecand ; ilustrado por Lie Nobusa. - Jandira : Ciranda Cultural, 2021.
          96 p. : il. ; 20,1cm x 26,8cm.

          ISBN: 978-65-5500-754-1

          1. Educação infantil. 2. Números. 3. Contagem. 4. Aprendizado. 5. Coordenação motora. 6. Alfabetização. 7. Matemática. I. Nobusa, Lie. II. Título.

                                                 CDD 372.2
2021-1506   CDU 372.4

Elaborado por Vagner Rodolfo da Silva - CRB-8/9410

Índice para catálogo sistemático:
1. Educação infantil: Livro didático 372.2
2. Educação infantil: Livro didático 372.4

Este livro foi impresso em fontes VAG Rounded, Roboto e Imprensa Pontilhada.

© 2021 Ciranda Cultural Editora e Distribuidora Ltda.
Texto: @ Kátia Pecand
Ilustrações: @ Lie Nobusa
Capa e diagramação: Imaginare Studio
Revisão: Ana Paula de Deus Uchoa, Paloma Blanca A. Barbieri e Adriana Junqueira Arantes
Produção: Ciranda Cultural

1ª Edição em 2021
6ª Impressão em 2024
www.cirandacultural.com.br

Todos os direitos reservados. Nenhuma parte desta publicação pode ser reproduzida, arquivada em sistema de busca ou transmitida por qualquer meio, seja ele eletrônico, fotocópia, gravação ou outros, sem prévia autorização do detentor dos direitos, e não pode circular encadernada ou encapada de maneira distinta daquela em que foi publicada, ou sem que as mesmas condições sejam impostas aos compradores subsequentes.

Apoio Escolar

Aprenda Matemática

OLÁ! SEJA BEM-VINDO AO APOIO ESCOLAR OVELHA ROSA NA ESCOLA - APRENDA MATEMÁTICA! NESTE LIVRO, A CRIANÇA APRENDERÁ OS NÚMEROS DE FORMA FÁCIL E DIVERTIDA COM A OVELHA ROSA E SEUS AMIGOS.

O QR CODE QUE VOCÊ ENCONTRA ABAIXO DIRECIONARÁ A UM VÍDEO EXPLICATIVO, COM ORIENTAÇÕES SOBRE O CONTEÚDO DESTE LIVRO, PARA QUE SEU APRENDIZADO SEJA MUITO MAIS PRAZEROSO E DIVERTIDO.
VAMOS LÁ? BONS ESTUDOS!

OS NÚMEROS

DONA ROSA CHAMOU TODA A TURMA DA FAZENDA PARA ENSINAR ALGO MUITO LEGAL!

VOCÊS SABIAM QUE OS NÚMEROS ESTÃO PRESENTES EM VÁRIOS MOMENTOS DO NOSSO DIA A DIA? VAMOS VER?

NOS DEDOS, QUANDO OS UTILIZAMOS PARA CONTAR.

NOS NÚMEROS DAS CASAS.

NAS BRINCADEIRAS.

NO RELÓGIO.

QUANDO PRECISAMOS PESAR ALGO NA BALANÇA.

NA CONTAGEM DOS DIAS NO CALENDÁRIO.

NOS TELEFONES.

NAS PLACAS DE VEÍCULOS E NAS PLACAS DE TRÂNSITO.

PARA INDICAR NOSSA IDADE.

E EM OUTROS LUGARES, COMO:

QUE LEGAL! OS NÚMEROS ESTÃO EM TODOS OS LUGARES MESMO! E VOCÊ SABE ONDE MAIS PODEMOS ENCONTRAR OS NÚMEROS? DESENHE NO QUADRO ABAIXO.

DONA ROSA FOI ATÉ A CIDADE PARA COMPRAR ALGUNS MANTIMENTOS NO MERCADO. OBSERVE A CENA E CIRCULE OS NÚMEROS QUE VOCÊ ENCONTRAR.

A OVELHA ROSA QUER SABER QUANTOS ANOS VOCÊ TEM. MOSTRE A ELA, PINTANDO A QUANTIDADE DE DEDOS QUE INDICA A SUA IDADE.

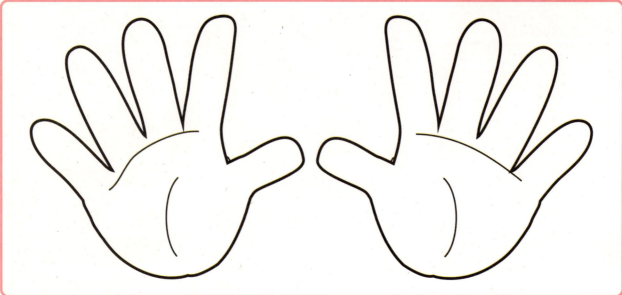

CIRCULE ABAIXO O NÚMERO QUE REPRESENTA A SUA IDADE:

0 - 1 - 2 - 3 - 4 - 5 - 6 - 7 - 8 - 9 - 10

PINTE O BOLO QUE CONTÉM A QUANTIDADE DE VELINHAS QUE REPRESENTA A SUA IDADE.

TODOS OS ANIMAIS DA FAZENDA SANTA ROSA VIVEM EM HARMONIA! OBSERVE A IMAGEM ABAIXO E PINTE OS ELEMENTOS QUE ESTÃO SEM COR.

AGORA, PINTE OS QUADRADINHOS DE ACORDO COM A QUANTIDADE DE VEZES QUE CADA IMAGEM APARECE NA CENA.

HÁ UMA LINDA CESTA DE FRUTAS NA MESA DA COZINHA DA DONA ROSA.

- PINTE A CESTA COM MAIS FRUTAS.
- QUANTAS FRUTAS HÁ NA CESTA **B**? PINTE ABAIXO UM QUADRADO PARA CADA FRUTA.

VOCÊ GOSTA DE FRUTAS? AS FRUTAS SÃO NUTRITIVAS E DELICIOSAS! DESENHE NA CESTA **QUATRO** FRUTAS DE QUE VOCÊ MAIS GOSTA.

VEJA COMO É BONITA A COZINHA DA FAZENDA!

- PINTE O OBJETO QUE ESTÁ EM CIMA DA GELADEIRA.
- CIRCULE O QUE ESTÁ EMBAIXO DA MESA.

- DESENHE UMA GALINHA LONGE DA DONA ROSA.
- DESENHE UM PINTINHO PERTO DA DONA ROSA.

QUANTAS ÁRVORES NO POMAR DA FAZENDA!

- PINTE A ÁRVORE MAIOR E CIRCULE A ÁRVORE MENOR.

- PINTE UM QUADRADO PARA CADA FRUTA DA ÁRVORE MAIOR.

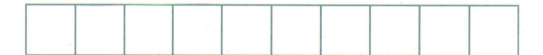

DONA ROSA COLOCOU AS FRUTAS NA MESA DA COZINHA.

- PINTE AS FRUTAS QUE ESTÃO DENTRO DA CESTA.
- MARQUE COM UM "X" AS FRUTAS QUE ESTÃO FORA DA CESTA.

DONA ROSA CHAMOU ALGUNS ANIMAIS PARA CONVERSAR COM ELA. ELES SE ORGANIZARAM EM FILA.

- CIRCULE O PRIMEIRO ANIMAL DA FILA.
- MARQUE COM UM "X" O ÚLTIMO DA FILA.
- PINTE O MAIOR ANIMAL DA FILA.
- RISQUE O ANIMAL QUE ESTÁ ENTRE A VACA E A GALINHA.

QUANTOS ANIMAIS ESTÃO NA FILA? PINTE A QUANTIDADE DE QUADRADINHOS QUE CORRESPONDE À RESPOSTA.

AS OVELHAS ESTÃO BRINCANDO DE JOGO DA MEMÓRIA COM AS FORMAS GEOMÉTRICAS. PARA QUE O JOGO POSSA CONTINUAR, PINTE COM A MESMA COR AS FORMAS IGUAIS.

OLHOS ATENTOS PARA ESTE DESAFIO! LIGUE OS OBJETOS ÀS FORMAS CORRESPONDENTES.

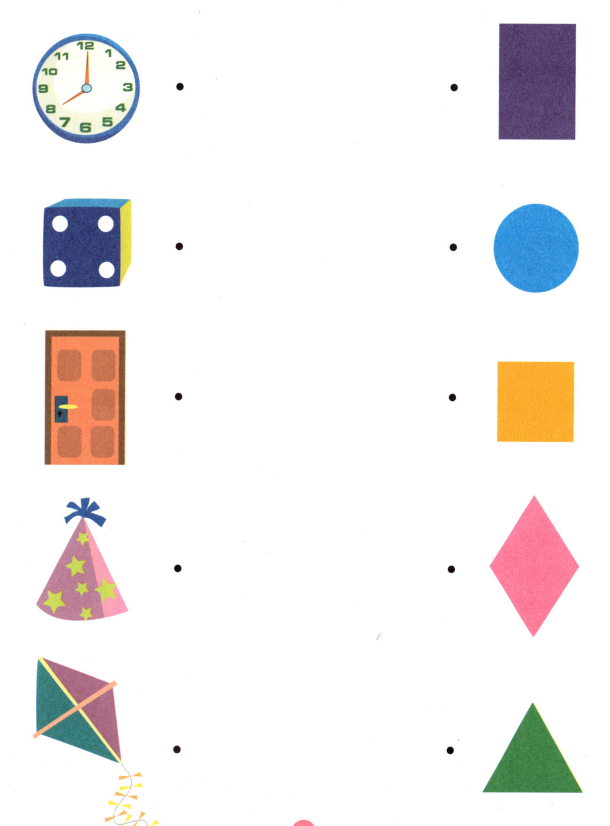

VEJA QUE DIVERTIDO! OS ANIMAIS ESTAVAM BRINCANDO COM AS FORMAS GEOMÉTRICAS E MONTARAM UMA CASINHA.

AGORA É A SUA VEZ! USE A CRIATIVIDADE E FAÇA UM DESENHO USANDO AS FORMAS GEOMÉTRICAS. PODE SER UM ROBÔ, UM TREM, UM BONECO... ENFIM, O QUE VOCÊ QUISER! DEPOIS, PINTE-O COM SUAS CORES PREFERIDAS.

CÍRCULO TRIÂNGULO QUADRADO RETÂNGULO LOSANGO

OS NÚMEROS

OBSERVE OS NÚMEROS QUE A OVELHA ROSA VEIO APRESENTAR.

0 ZERO	1 UM	2 DOIS	3 TRÊS
4 QUATRO	5 CINCO	6 SEIS	7 SETE
8 OITO	9 NOVE	10 DEZ	

NÚMERO 0

ZERO

O AQUÁRIO DA DONA ROSA ESTÁ VAZIO. ELE NÃO TEM NENHUM PEIXINHO. O NUMERAL QUE REPRESENTA ESSE AQUÁRIO VAZIO É O **0**.

VAMOS PRATICAR O NUMERAL **0**?

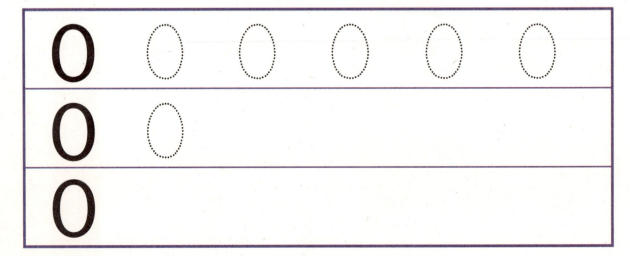

O NINHO DA ÁRVORE DA FAZENDA ESTÁ VAZIO, E ISSO DEIXOU O PASSARINHO TRISTE. QUAL NÚMERO REPRESENTA O NINHO SEM OVOS?

CIRCULE OS VASOS VAZIOS DA DONA ROSA E ESCREVA O NÚMERO QUE REPRESENTA A FALTA DE FLORES NOS VASOS.

OBSERVE O QUADRO ABAIXO E CIRCULE AO LADO O NÚMERO **0** E O NOME QUE O REPRESENTA.

5	2	0	9
ZERO	UM		CINCO
DOIS	3	4	6

NÚMERO 1

UM

NA FAZENDA SANTA ROSA, APENAS UMA OVELHA É COR-DE-ROSA: A OVELHA ROSA! O NUMERAL QUE REPRESENTA A QUANTIDADE DE OVELHAS COR-DE-ROSA É O **1**.

VAMOS PRATICAR O NUMERAL **1**?

1	1	1	1	1	1	1
1	1					
1						

PINTE APENAS UMA LATA DE TINTA COR-DE-ROSA E ESCREVA O NÚMERO QUE REPRESENTA ESSA QUANTIDADE.

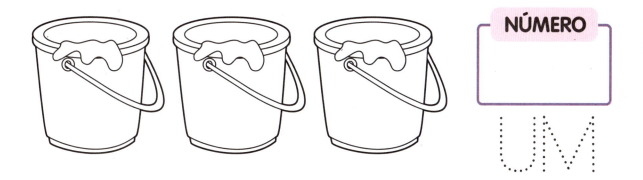

AS OVELHAS QUEREM BRINCAR COM A OVELHA ROSA! PINTE TODOS OS NÚMEROS **1** PARA AJUDÁ-LAS A SE ENCONTRAREM.

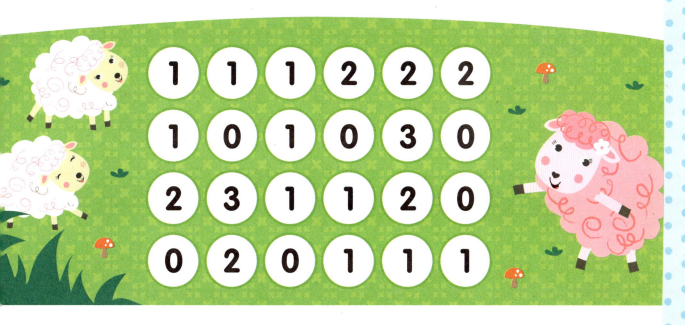

PRATIQUE MAIS UM POUCO!

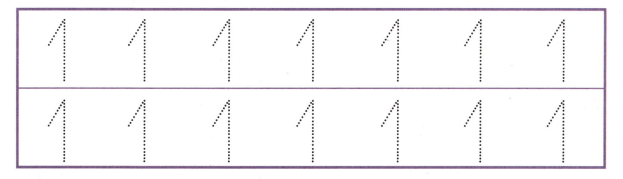

NÚMERO 2

DOIS

OS DOIS PATINHOS VIVEM NA LAGOA E SEMPRE DIZEM "AI, QUE ÁGUA BOA!". O NUMERAL QUE REPRESENTA A QUANTIDADE DE PATINHOS NA LAGOA É O 2.

VAMOS PRATICAR O NUMERAL 2?

2	2	2	2	2	2
2	2				
2					

VEJA QUANTOS PATINHOS BRINCANDO NA LAGOA DA FAZENDA! DONA ROSA ADORA VÊ-LOS SE DIVERTINDO. PINTE APENAS **DOIS** PATINHOS.

ESCREVA O NUMERAL QUE REPRESENTA A QUANTIDADE QUE VOCÊ CIRCULOU.

NÚMERO

PRATIQUE MAIS UM POUCO!

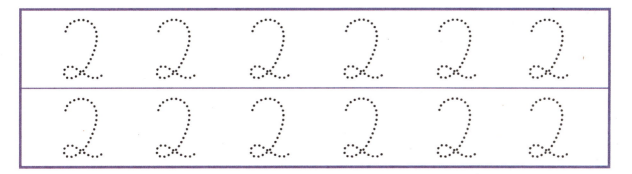

É HORA DE OS ANIMAIS COMEREM! VEJA O QUE A DONA ROSA COLOCOU PARA CADA UM DELES E ESCREVA O NÚMERO QUE REPRESENTA A QUANTIDADE.

NÚMERO 3

TRÊS ABELHAS ESTÃO NA COLMEIA PREPARANDO MEL PARA DONA ROSA.
O NUMERAL QUE REPRESENTA A QUANTIDADE DE ABELHAS TRABALHANDO É O **3**.

VAMOS PRATICAR O NUMERAL **3**?

3	3	3	3	3	3
3	3				
3					

DONA ROSA CONSEGUIU ENCHER **TRÊS** POTES COM O MEL QUE AS ABELHAS PRODUZIRAM. LIGUE O NUMERAL **3** À QUANTIDADE DE POTES CORRESPONDENTE.

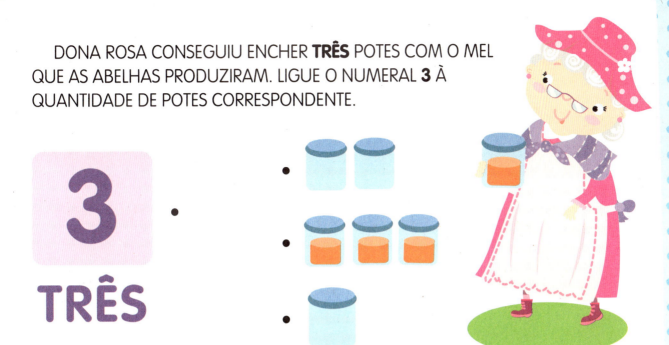

TRÊS ABELHAS PRECISAM VOLTAR PARA A COLMEIA. PINTE APENAS O CONJUNTO QUE INDICA ESSA QUANTIDADE.

PRATIQUE MAIS UM POUCO!

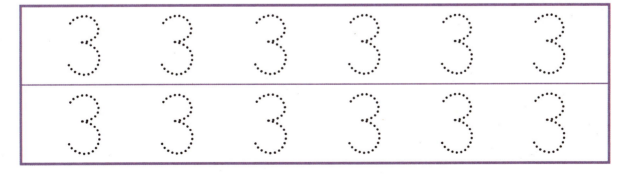

NÚMERO 4

QUATRO

QUATRO JOANINHAS APARECERAM NO JARDIM. ELAS SÃO PEQUENINAS E CHEIAS DE BOLINHAS. O NUMERAL QUE REPRESENTA A QUANTIDADE DE JOANINHAS É O **4**.

VAMOS PRATICAR O NUMERAL **4**?

O CACHORRINHO DA DONA ROSA PRECISA DA SUA AJUDA! ELE FOI ATÉ O JARDIM E VIU QUE ESTÃO FALTANDO BOLINHAS NO CORPO DAS JOANINHAS. COMPLETE CADA JOANINHA COM AS BOLINHAS QUE FALTAM PARA TOTALIZAR **QUATRO** BOLINHAS.

AGORA, OBSERVE A CENA ACIMA, CONTE QUANTOS ELEMENTOS DE CADA APARECEM E ESCREVA O NUMERAL CORRESPONDENTE.

PRATIQUE MAIS UM POUCO!

4	4	4	4	4	4
4	4	4	4	4	4

NÚMERO 5

ESTAS CINCO BORBOLETAS ESTÃO BRINCANDO COM A OVELHA ROSA. ELAS VOAM SEM PARAR E NA OVELHA QUEREM POUSAR.

O NUMERAL QUE REPRESENTA A QUANTIDADE DE BORBOLETAS VOANDO É O **5**.

VAMOS PRATICAR O NUMERAL **5**?

5	5	5	5	5	5
5	5				
5					

QUE ENCANTADOR É O JARDIM DA DONA ROSA! VEJA QUANTAS BORBOLETAS APARECERAM! ESCOLHA E PINTE **CINCO** BORBOLETAS PARA BRINCAR COM A OVELHA E COM A DONA ROSA. USE CORES DIFERENTES.

ESCREVA COM NUMERAIS:

QUANTAS BORBOLETAS VOCÊ PINTOU?

QUANTAS FICARAM SEM PINTAR?

CIRCULE APENAS AS BORBOLETAS QUE ESTÃO COM O NUMERAL **5** EM SUAS DUAS ASAS.

LEVE CADA GALINHA AO NÚMERO DE OVOS QUE CADA UMA DELAS BOTOU. OBSERVE O NUMERAL E LIGUE CORRETAMENTE.

É HORA DE PRATICAR!

0 1 2 3 4 5

AGORA, CONTE QUANTOS ANIMAIS APARECEM EM CADA CONJUNTO E PINTE O NUMERAL CORRESPONDENTE À QUANTIDADE.

VAMOS COMPLETAR AS SEQUÊNCIAS COM OS NÚMEROS QUE ESTÃO FALTANDO?

0 - ___ - 2 - ___ - ___ - 5

___ - 1 - ___ - ___ - 3 - 4 - ___

É DIA DE FEIRA! DONA ROSA VOLTOU COM AS SACOLAS CHEIAS DE FRUTAS. CIRCULE O NUMERAL DE ACORDO COM A QUANTIDADE DE FRUTAS QUE ELA COMPROU.

 0 - 1 - 2 - 3 - 4 - 5

 0 - 1 - 2 - 3 - 4 - 5

 0 - 1 - 2 - 3 - 4 - 5

 0 - 1 - 2 - 3 - 4 - 5

0 - 1 - 2 - 3 - 4 - 5

PRATIQUE:

0	1	2	3	4	5

NÚMERO 6

NA FAZENDA, VIVEM SEIS IRMÃOS COELHINHOS MUITO SAPECAS E COMILÕES. ELES BRINCAM O TEMPO TODO E SE ESCONDEM NA TOCA.

O NUMERAL QUE CORRESPONDE À QUANTIDADE DE COELHINHOS É O **6**.

VAMOS PRATICAR O NUMERAL **6**?

6	6	6	6	6	6
6	6				
6					

É HORA DE COMER! CADA COELHINHO COMERÁ **SEIS** CENOURAS. CONTORNE OS NÚMEROS, CONTE QUANTAS CENOURAS HÁ EM CADA PRATINHO E COMPLETE O DESENHO PARA QUE TODOS FIQUEM COM A MESMA QUANTIDADE.

PRATIQUE!

0 1 2 3 4 5 6

NÚMERO 7

SETE VASOS COM FLORZINHAS COLORIDAS ENFEITAM O JARDIM. AS FLORES SÃO CHEIROSAS E ENCANTAM A OVELHA ROSA.

O NUMERAL QUE REPRESENTA A QUANTIDADE DE FLORZINHAS É O **7**.

VAMOS PRATICAR O NUMERAL **7**?

7	7	7	7	7	7
7	7				
7					

TODOS OS OBJETOS ABAIXO PODEM SER ENCONTRADOS NA FAZENDA SANTA ROSA. ESCREVA O NUMERAL CORRESPONDENTE A CADA CONJUNTO E PINTE OS DESENHOS.

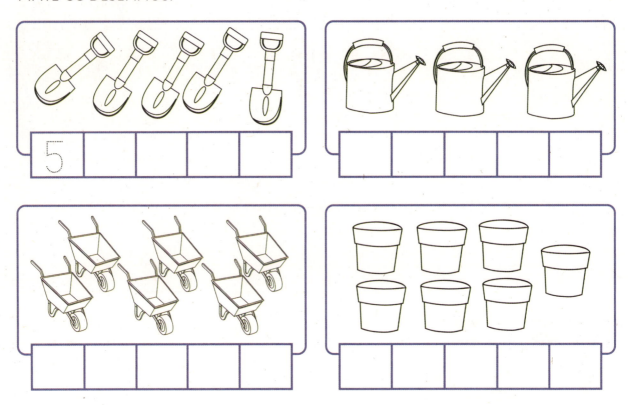

A OVELHA ROSA ESTÁ AJUDANDO A DONA ROSA A PLANTAR FLORES. COMPLETE O DESENHO PARA QUE CADA VASO FIQUE COM A QUANTIDADE DE FLORES INDICADA.

É DIA DE RECEBER O VETERINÁRIO! HOJE, APENAS ALGUNS ANIMAIS IRÃO SE CONSULTAR COM O VETERINÁRIO DA FAZENDA. OBSERVE CADA QUADRO E PINTE A QUANTIDADE DE ANIMAIS INDICADA PELOS NUMERAIS.

NÚMERO 8

OITO

DONA ROSA TRABALHA BASTANTE NA FAZENDA, E ESTAS OITO FORMIGUINHAS TAMBÉM. ELAS TRABALHAM DIA E NOITE E ESTÃO SEMPRE ANIMADAS. O NUMERAL QUE REPRESENTA A QUANTIDADE DE FORMIGUINHAS TRABALHANDO É O **8**.

VAMOS PRATICAR O NUMERAL **8**?

DESENHE NOS CONJUNTOS A QUANTIDADE DE FOLHAS QUE CADA FORMIGA LEVOU ATÉ O FORMIGUEIRO.

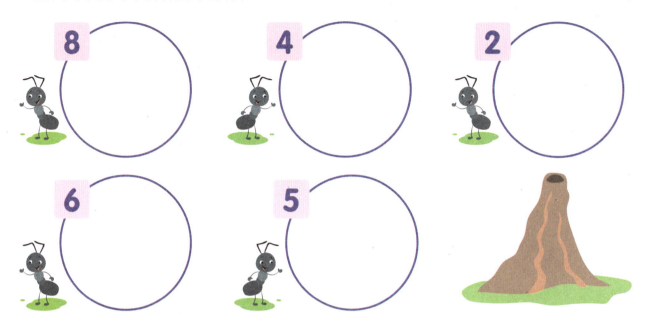

QUE FOLHA GRANDE AS FORMIGAS ENCONTRARAM! PROCURE NELA TODOS OS NÚMEROS **8** E CIRCULE-OS.

PRATIQUE MAIS UM POUCO!

NÚMERO 9

NOVE

NOVE PINTINHOS NASCERAM NA FAZENDA. ELES SÃO AMARELINHOS, ANDAM LIGEIRINHO E PASSAM O DIA PIANDO E BRINCANDO.
O NUMERAL QUE REPRESENTA A QUANTIDADE DE PINTINHOS É O **9**.

VAMOS PRATICAR O NUMERAL **9**?

9	9	9	9	9	9
9	9				
9					

OS PINTINHOS ESTÃO COM FOME! LÁ VEM A DONA ROSA TRAZENDO MILHO PARA ELES. CADA UM DEVERÁ COMER **9** GRÃOS. DESENHE ESSA QUANTIDADE EM CADA PRATINHO.

PRATIQUE MAIS UM POUCO!

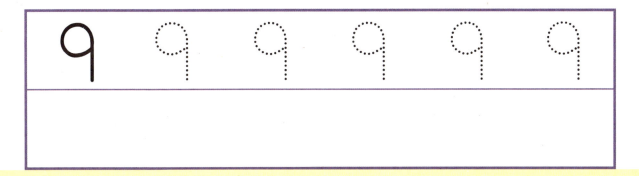

LEVE A GALINHA ATÉ SEUS PINTINHOS LIGANDO OS NÚMEROS **9** QUE VOCÊ ENCONTRAR!

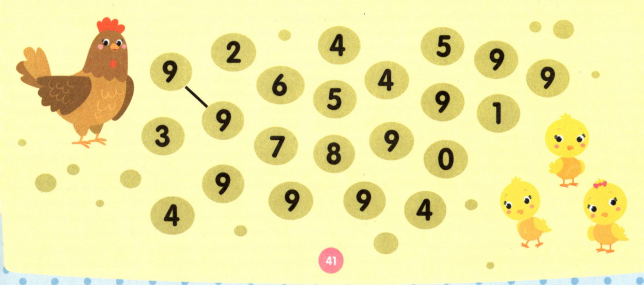

QUANTOS NÚMEROS VOCÊ ESTÁ APRENDENDO! MOSTRE À OVELHA ROSA O QUANTO VOCÊ ESTÁ CRAQUE NOS NUMERAIS, CONTORNANDO OS NÚMEROS E PRATICANDO-OS UM POUCO MAIS.

| 0-1-2-3-4-5-6-7-8-9 |
| 0-1-2-3-4-5-6-7-8-9 |
| |
| |

A OVELHA ROSA QUER SABER QUAIS NÚMEROS ESTÃO FALTANDO. AJUDE-A, COMPLETANDO O QUADRO.

| 0 | | 3 | | 5 | | 7 | | 9 |

NÚMERO 10

VEJA QUANTAS MINHOCAS HÁ EMBAIXO DA TERRA! SÃO DEZ! ELAS SÃO PEQUENINAS E IMPORTANTES PARA A NATUREZA.

O NUMERAL QUE REPRESENTA A QUANTIDADE DE MINHOCAS NA TERRA É O **10**.

VAMOS PRATICAR O NUMERAL **10**?

10	10	10	10	10
10	10			
10				

UMA MINHOCA ESTÁ PASSANDO. CUBRA O PONTILHADO DOS NUMERAIS E DEPOIS COMPLETE A SEQUÊNCIA.

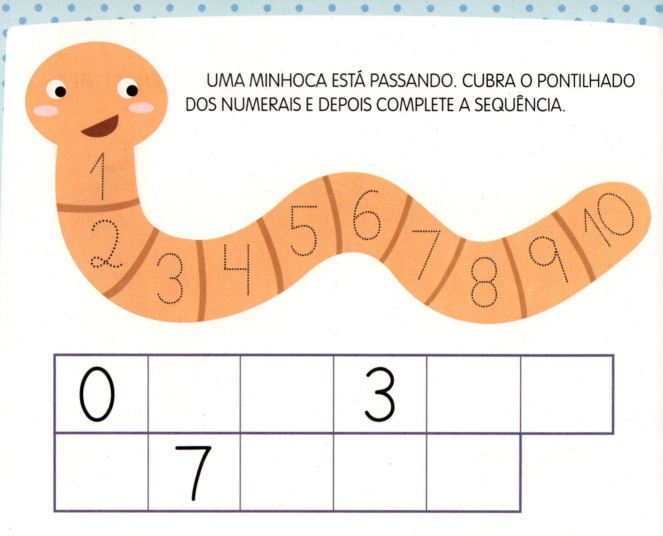

0			3		
	7				

DONA ROSA ESTÁ COLHENDO FLORES NO JARDIM COM A OVELHA ROSA. VEJA QUANTAS FLORES ELAS COLHERAM E PINTE APENAS O CESTO QUE CONTÉM **10** FLORES.

QUER SABER QUANTOS ANOS TÊM ESTES ANIMAIS DA FAZENDA? CONTE OS DEDINHOS E LIGUE AS MÃOS AO NÚMERO CORRETO.

AJUDE A DONA ROSA A CONTAR QUANTOS ANIMAIS DE CADA ESPÉCIE APARECEM NO QUADRO.

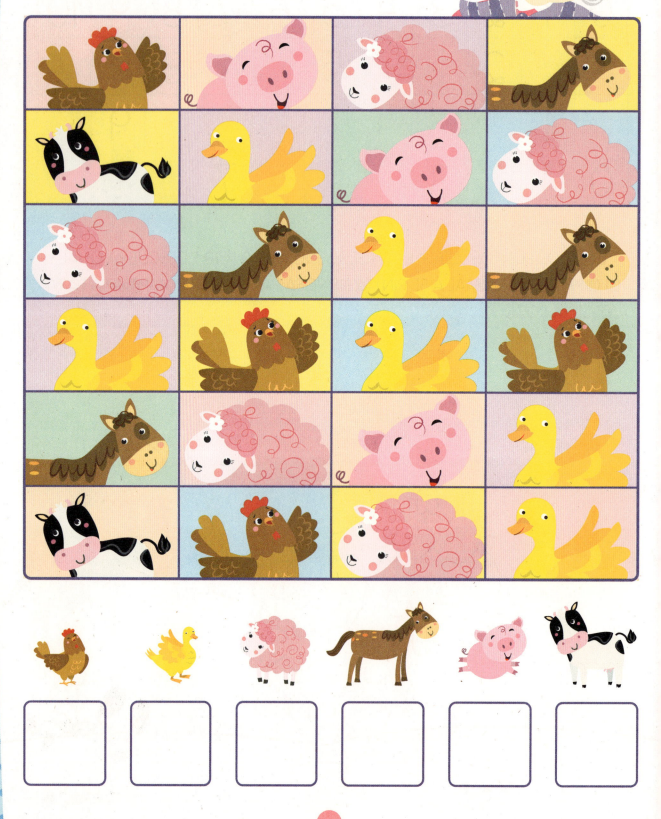

VAMOS PRATICAR OS NUMERAIS DE **0** A **10**?

0	1	2	3	4	5	6	7	8	9	10
		2			5			8		
	1			4					9	
0			3				7			

LIGUE OS PONTOS SEGUINDO A SEQUÊNCIA DE **0** A **10** E DESCUBRA QUAL FOI O PRIMEIRO ANIMAL A SE PINTAR DE ROSA PARA FAZER COMPANHIA PARA A OVELHA ROSA.

DONA ROSA ADORA A COR-DE-ROSA, MAS ELA TAMBÉM SABE ADMIRAR A BELEZA DE OUTRAS CORES! DONA ROSA ENCHEU ALGUNS BALÕES COLORIDOS PARA MOSTRAR QUE TODAS AS CORES SÃO ESPECIAIS. PINTE OS BALÕES DE ACORDO COM A LEGENDA.

1 BALÃO **AZUL**;
2 BALÕES **VERDES**;
3 BALÕES **COR-DE-ROSA**;
4 BALÕES **AMARELOS**.

AGORA, RESPONDA:

QUANTOS BALÕES DONA ROSA ENCHEU?

QUANTOS BALÕES SÃO COR-DE-ROSA?

QUANTOS BALÕES SÃO AMARELOS?

HÁ MAIS BALÕES DE QUAL COR? CIRCULE.

AZUL

VERDE

DONA ROSA ESTÁ LEVANDO MILHO PARA ALIMENTAR A GALINHA E SEUS PINTINHOS. OBSERVE A IMAGEM E RESPONDA:

QUANTOS PINTINHOS ESTÃO NA FRENTE DA MAMÃE GALINHA?

QUANTOS PINTINHOS ESTÃO ATRÁS DA MAMÃE GALINHA?

QUANTOS PINTINHOS HÁ NO TOTAL?

COMPLETE A SEQUÊNCIA NUMÉRICA.

0 _____ 10

OS ANIMAIS SE DIVIDIRAM PARA BRINCAR DE AMARELINHA. COMPLETE AS AMARELINHAS COM OS NÚMEROS QUE ESTÃO FALTANDO PARA A BRINCADEIRA COMEÇAR!

AGORA, RESPONDA:

QUANTOS ANIMAIS BRINCARÃO AO TODO?

QUANTOS ANIMAIS ESTÃO NA AMARELINHA "A"?

QUANTOS ANIMAIS ESTÃO NA AMARELINHA "B"?

HÁ MAIS ANIMAIS EM QUAL AMARELINHA? CIRCULE.

DONA ROSA ESTÁ COCHILANDO EM SUA POLTRONA NA SALA. ALGUNS NÚMEROS ESTÃO ESCONDIDOS NA IMAGEM. PRESTE BASTANTE ATENÇÃO E CIRCULE AQUELES QUE VOCÊ ENCONTRAR.

ESCREVA AQUI OS NÚMEROS QUE VOCÊ ENCONTROU.

VAMOS PRATICAR!

0	1	2	3	4	5	6	7	8	9	10

OBSERVE AS TRÊS COLUNAS E LIGUE CADA NUMERAL AOS CONJUNTOS CORRESPONDENTES.

• 4 •   TRÊS

• 7 •   UM

• 3 •   SETE

• 1 •   SEIS

• 9 •   QUATRO

• 6 •   NOVE

VEJA A CENA DE UM DIA NA FAZENDA SANTA ROSA E PINTE-A.

AGORA, RESPONDA:

HÁ QUANTAS OVELHAS? ☐   HÁ QUANTOS ANIMAIS? ☐

HÁ QUANTAS VACAS? ☐   HÁ QUANTAS PESSOAS? ☐

HÁ QUANTOS CAVALOS? ☐   HÁ QUANTOS ANIMAIS QUE VOAM? ☐

HÁ QUANTAS JOANINHAS? ☐   HÁ QUANTAS BORBOLETAS? ☐

DONA ROSA FEZ **DEZ** BARQUINHOS DE PAPEL E OS COLOCOU NO LAGO PARA OS ANIMAIS BRINCAREM. COMPLETE A SEQUÊNCIA ESCREVENDO OS NUMERAIS EM CADA UM.

VAMOS PRATICAR A ESCRITA DOS NUMERAIS?

OS ANIMAIS DA FAZENDA SANTA ROSA RESOLVERAM BRINCAR DE CORRIDA NA TRILHA. OBSERVE A POSIÇÃO DE CADA UM NO JOGO E ESCREVA EM QUAL NÚMERO CADA UM ESTÁ.

PRATIQUE.

0 - 1 - 2 - 3 - 4 - 5 - 6 - 7 - 8 - 9 - 10

A COELHINHA DA FAZENDA TEVE **DEZ** FILHOTINHOS. DONA ROSA FEZ UMA TOCA PARA CADA UM DELES E AS NUMEROU. OBSERVE!

CADA COELHINHO TERÁ UM VIZINHO. OS NÚMEROS TAMBÉM TÊM SEUS VIZINHOS. ESCREVA QUAIS SÃO OS NÚMEROS VIZINHOS DO NUMERAL **4**.

ANTES   DEPOIS

ESCREVA O NUMERAL QUE VEM ANTES DE:

 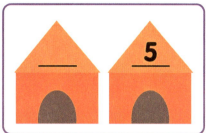 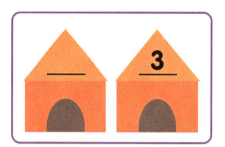

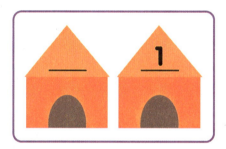 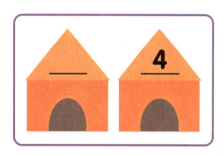

PRATIQUE.

0 - 1 - 2 - 3 - 4 - 5 - 6 - 7 - 8 - 9 - 10

PARA ORGANIZAR AS PLANTAÇÕES DA FAZENDA, DONA ROSA ESCREVEU EM ALGUMAS PLAQUINHAS A QUANTIDADE DE SEMENTES QUE ELA PLANTOU. EM CADA PLAQUINHA, ESCREVA O NUMERAL QUE VEM DEPOIS.

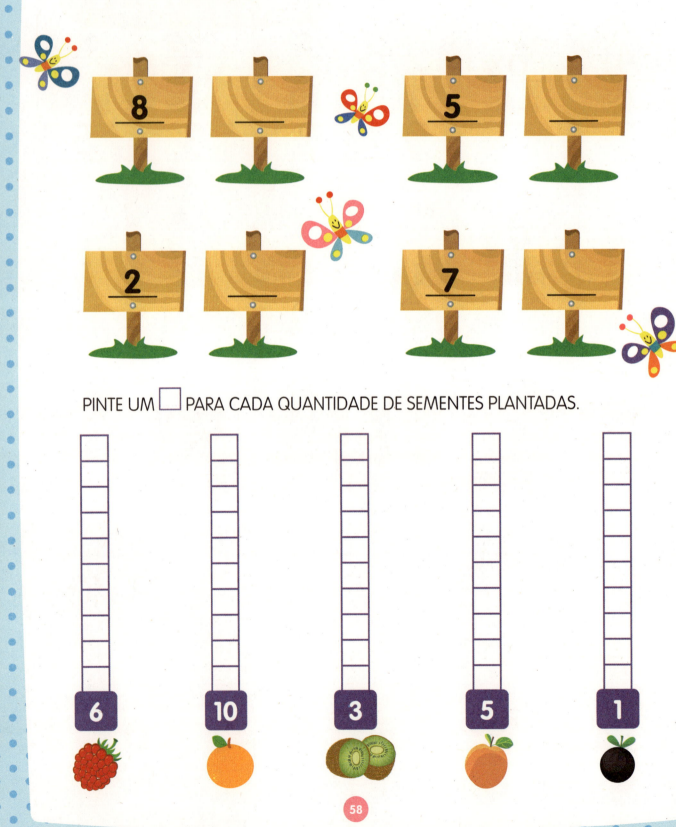

PINTE UM ☐ PARA CADA QUANTIDADE DE SEMENTES PLANTADAS.

AJUDE A OVELHA ROSA E O PORQUINHO ROSA A DESCOBRIR QUAL NUMERAL FICA ENTRE:

4 ___ 6

0 ___ 2   3 ___ 5

6 ___ 8

7 ___ 9   8 ___ 10

ATENÇÃO PARA RESPONDER!

PINTE O NÚMERO MAIOR: | 5 | 3 | 8 | 7 |

PINTE O NÚMERO MENOR: | 6 | 2 | 3 | 5 |

PINTE O NÚMERO QUE VEM DEPOIS DO 9: | 4 | 7 | 10 | 6 |

PINTE O NÚMERO QUE VEM ANTES DO 6: | 5 | 8 | 1 | 0 |

OBSERVE AS PLAQUINHAS QUE A OVELHA ROSA E A DONA ROSA ESTÃO SEGURANDO.

AGORA, OBSERVE AS FRUTAS QUE O AJUDANTE DA DONA ROSA COLHEU E COMPARE. PARA AS FRUTAS QUE FOREM IGUAIS, USE O SINAL =, E PARA AS FRUTAS DIFERENTES, USE ≠.

O AJUDANTE DA DONA ROSA SEPAROU AS FRUTAS EM CESTAS. CONTE AS FRUTAS DE CADA CESTA E UTILIZE O SINAL = OU ≠ PARA COMPARAR AS QUANTIDADES.

COMPLETE A SEQUÊNCIA COM OS NÚMEROS QUE ESTÃO FALTANDO E LEVE CADA OVELHINHA AO ENCONTRO DA DONA ROSA.

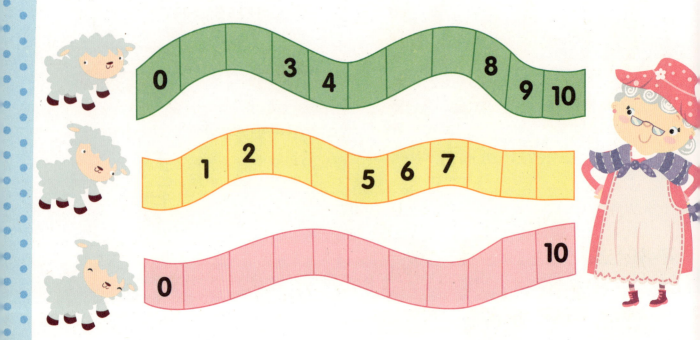

OBSERVE O NÚMERO DE CADA REGADOR E ESCREVA O QUE VEM ANTES (**ANTECESSOR**) E O QUE VEM DEPOIS (**SUCESSOR**).

OBSERVE OS DESENHOS E ESCREVA A RESPOSTA DE CADA PERGUNTA.

HÁ QUANTAS GALINHAS?

HÁ QUANTOS PATOS?

HÁ QUANTAS AVES?

HÁ QUANTAS MAÇÃS?

HÁ QUANTOS ABACAXIS?

HÁ QUANTAS FRUTAS?

HÁ QUANTAS JOANINHAS?

HÁ QUANTAS BORBOLETAS?

HÁ QUANTOS INSETOS?

HÁ QUANTAS PÁS?

HÁ QUANTAS ENXADAS?

HÁ QUANTAS FERRAMENTAS?

AS OVELHAS ESTAVAM BRINCANDO COM OS NÚMEROS, MAS FIZERAM UMA CONFUSÃO. SERÁ QUE VOCÊ CONSEGUE ORGANIZAR OS NÚMEROS NA SEQUÊNCIA CORRETA?

NO LAGO DA FAZENDA, OS SAPINHOS PULAM NAS PEDRAS PARA LÁ E PARA CÁ. ESCREVA O NUMERAL CORRESPONDENTE À PEDRA ONDE CADA SAPO ESTÁ.

NA FAZENDA SANTA ROSA, TODOS OS ANIMAIS VIVEM EM HARMONIA, BRINCANDO, APRENDENDO E SE DIVERTINDO. VEJA! AS OVELHAS E OS PORQUINHOS ESTÃO BRINCANDO!

DONA ROSA QUER SABER QUANTOS ANIMAIS AO TODO ESTÃO SE DIVERTINDO. PARA ISSO, ELA FARÁ UMA **ADIÇÃO**, JUNTANDO AS QUANTIDADES USANDO O SINAL DE **+** (MAIS).

DONA ROSA ESTÁ LEVANDO ALGUNS ANIMAIS PARA PASSEAR NA FAZENDA.

HÁ QUANTOS CAVALOS? + HÁ QUANTAS VACAS? = HÁ QUANTOS ANIMAIS AO TODO?

HÁ QUANTOS PORCOS? + HÁ QUANTOS PATOS? = HÁ QUANTOS ANIMAIS AO TODO?

QUE LINDAS FLORES ENFEITAM O JARDIM! PARA DEIXAR A CASA DA FAZENDA MAIS BONITA E CHEIROSA, DONA ROSA PLANTOU FLORES NOS VASINHOS. CONTE QUANTAS FLORES HÁ NOS VASOS E DESENHE O RESULTADO.

O AJUDANTE DA DONA ROSA PRECISA SOMAR ESTES ANIMAIS E PASSAR O RESULTADO PARA ELA. VAMOS AJUDÁ-LO A RESOLVER A SOMA?

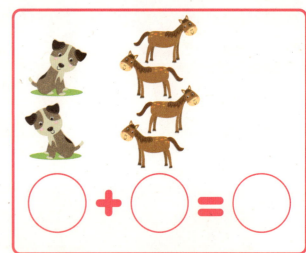

DONA ROSA GUARDA TODAS AS SUAS MOEDAS EM UM COFRINHO. E VEJA SÓ, O COFRINHO É UMA OVELHINHA! FAÇA AS CONTAS ABAIXO E PINTE AS RESPOSTAS NO COFRINHO DA DONA ROSA.

3 + 2 =

4 + 1 =

5 + 0 =

HÁ MUITAS FRUTAS NO POMAR DA FAZENDA! PARA SABER QUANTAS MAÇÃS SERÃO COLHIDAS DE CADA ÁRVORE, FAÇA A ADIÇÃO E PINTE A QUANTIDADE DE MAÇÃS CORRESPONDENTE AO RESULTADO.

2 + 4 =

5 + 2 =

6 + 1 =

4 + 2 =

A OVELHA ROSA ESTÁ AJUDANDO A DONA ROSA A ORGANIZAR AS LATAS DE TINTA. PARA DESCOBRIR A COR DA TINTA DE CADA LATA E PINTÁ-LA CORRETAMENTE, SOME OS NUMERAIS E SIGA A LEGENDA.

0 – AZUL-CLARO
1 – PRETO
2 – ROXO
3 – AMARELO
4 – COR-DE-ROSA
5 – LARANJA
6 – VERMELHO
7 – MARROM
8 – VERDE
9 – CINZA
10 – AZUL-ESCURO

QUANTAS FLORES BONITAS HÁ NO JARDIM! FAÇA AS CONTAS E PINTE A PÉTALA CORRESPONDENTE AO RESULTADO DAS ADIÇÕES.

Flor 1: 2+1= (pétalas: 0, 2, 3, 6, 4)
Flor 2: 4+2= (pétalas: 2, 6, 1, 3, 7)
Flor 3: 5+5= (pétalas: 3, 10, 6, 7, 4)
Flor 4: 5+2= (pétalas: 4, 3, 8, 2, 7)
Flor 5: 4+4= (pétalas: 1, 6, 2, 8, 3)

CONTE OS BICHINHOS DO JARDIM E FAÇA AS ADIÇÕES DE ACORDO COM O EXEMPLO.

HAVIA	CHEGARAM	TOTAL
		4 + 3 = 7
4	+ 3	= 7

$$+\begin{array}{r}4\\3\\\hline 7\end{array}$$

HAVIA	CHEGARAM	TOTAL
		__ + __ = __
☐	+ ☐	= ☐

HAVIA	CHEGARAM	TOTAL
		__ + __ = __
☐	+ ☐	= ☐

HAVIA	CHEGARAM	TOTAL
		__ + __ = __
☐	+ ☐	= ☐

OS ANIMAIS DA FAZENDA SE DIVERTEM MUITO JOGANDO DADOS! É PURA ANIMAÇÃO PARA SABER QUEM VAI GANHAR.

CADA ANIMAL JOGOU O DADO DUAS VEZES. ESCREVA O NUMERAL CORRESPONDENTE A CADA JOGADA, SOME O TOTAL E DESCUBRA QUEM FEZ MAIS PONTOS.

O PORCO E A GALINHA QUEREM SABER SE VOCÊ PODE AJUDÁ-LOS A DESCOBRIR QUAL NUMERAL ESTÁ FALTANDO EM CADA SEQUÊNCIA. VAMOS LÁ?

| 0 | 1 | | 3 | 4 | 5 |

| 5 | | 7 | 8 | 9 | 10 |

| 0 | 1 | 2 | 3 | | 5 |

| 5 | 6 | | 8 | 9 | 10 |

| 0 | 1 | 2 | 3 | 4 | |

| 5 | 6 | 7 | | 9 | 10 |

| 0 | | 2 | 3 | 4 | 5 |

| | 6 | 7 | 8 | 9 | |

| 0 | 1 | 2 | | 4 | |

| | | 7 | 8 | | |

AS FRUTAS DA FAZENDA SÃO DELICIOSAS! COMPARE AS FRUTAS E PINTE APENAS AQUELA QUE REPRESENTA O NUMERAL MAIOR EM CADA QUADRO.

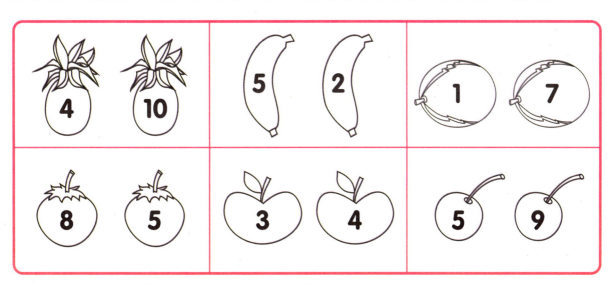

O GATINHO DA FAZENDA QUER ENCONTRAR A DONA ROSA. PARA ISSO, ELE DEVERÁ SUBIR A ESCADA. OBSERVE:

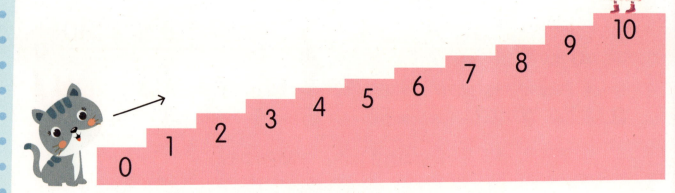

ESCREVA A ORDEM DOS NÚMEROS QUE ELE DEVERÁ SUBIR.

0 -

ESSE GATO SAPECA AGORA QUER ENCONTRAR A OVELHA ROSA. PARA ISSO, PRECISARÁ DESCER A ESCADA. OBSERVE:

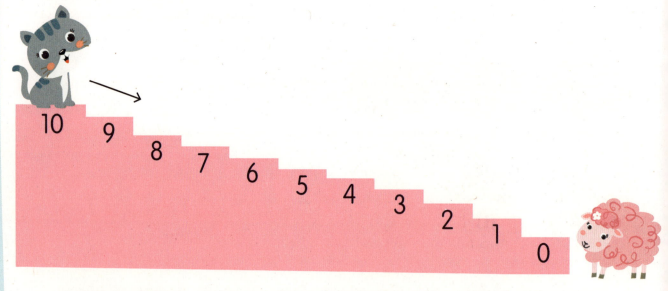

AGORA, ESCREVA A ORDEM DOS NÚMEROS QUE ELE DEVERÁ DESCER.

10 -

LÁ VEM A CENTOPEIA! COMPLETE-A COM OS NÚMEROS QUE ESTÃO FALTANDO.

OBSERVE OS NÚMEROS QUE ESTÃO NA JOANINHA E ORGANIZE-OS DO **MENOR** PARA O **MAIOR**:

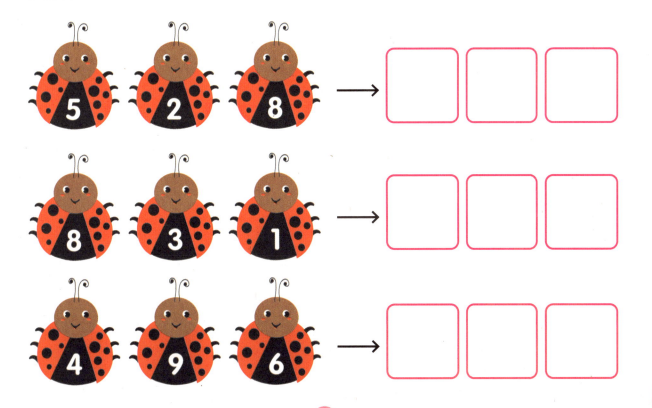

É HORA DE BRINCAR! A OVELHA ROSA E OS OUTROS ANIMAIS QUEREM PROPOR UMA BRINCADEIRA PARA VOCÊ. SIGA AS INSTRUÇÕES DE CADA UM DELES E REGISTRE AS RESPOSTAS. VAMOS LÁ?

OBSERVE ALGUNS ELEMENTOS DO JARDIM DA FAZENDA SANTA ROSA E RISQUE A QUANTIDADE DE ELEMENTOS INDICADA PELA DONA ROSA E PELA OVELHA ROSA.

RISQUE 2 BORBOLETAS.

QUANTAS BORBOLETAS FICARAM?

RISQUE 4 FLORES.

QUANTAS FLORES FICARAM?

RISQUE 5 JOANINHAS.

QUANTAS JOANINHAS FICARAM?

RISQUE 3 ABELHAS.

QUANTAS ABELHAS FICARAM?

AS GALINHAS DA FAZENDA ESTÃO BOTANDO MUITOS OVOS. DONA ROSA RECOLHEU **OITO** OVOS NO POLEIRO. MAS, AO COLOCÁ-LOS NA CESTA, **TRÊS** CAÍRAM NO CHÃO E QUEBRARAM.

QUANTOS OVOS RESTARAM INTEIROS?

OBSERVE A PLAQUINHA QUE A OVELHA ROSA ESTÁ MOSTRANDO. ESTE SINAL É CHAMADO DE **MENOS**. ELE É USADO PARA INDICAR QUE UMA QUANTIDADE FOI TIRADA, DIMINUÍDA OU SUBTRAÍDA.

ENTÃO:

OS ANIMAIS ESTÃO PREPARANDO UMA FESTA SURPRESA PARA A DONA ROSA E ENFEITARAM A FAZENDA COM BEXIGAS. MAS VEJA SÓ O QUE ACONTECEU!

QUANTAS BEXIGAS ESTÃO PENDURADAS?

QUANTAS MURCHARAM?

QUANTAS CONTINUAM CHEIAS?

OBSERVE A MESA COM O BOLO SURPRESA DA DONA ROSA E RESPONDA:

QUANTAS VELAS HÁ NO BOLO?

QUANTAS SE APAGARAM?

QUANTAS RESTARAM ACESAS?

A OVELHA ROSA SABE QUE VOCÊ ESTÁ CRAQUE NA SUBTRAÇÃO! VAMOS CALCULAR?

5 - 2 = ___

4 - 3 = ___

4 - 1 = ___

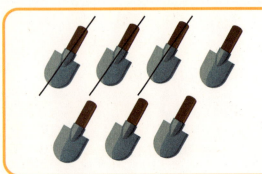

7 - 3 = ___

DONA ROSA E O SEU AJUDANTE FORAM CAMINHAR PELO POMAR E VIRAM QUE MUITAS FRUTAS JÁ HAVIAM CAÍDO DO PÉ. PARA SABER QUANTAS FRUTAS AINDA ESTÃO NAS ÁRVORES, VAMOS FAZER A CONTA. VEJA O EXEMPLO:

OS ANIMAIS ESTÃO MUITO SAPECAS! O AJUDANTE DA DONA ROSA QUER COLOCAR CADA ANIMAL EM SEU LUGAR, MAS ELES ESTÃO ESCAPANDO. HAVIA **OITO** CAVALOS, MAS **QUATRO** ESCAPARAM. QUANTOS FICARAM DENTRO DA CERCA?

HAVIA **CINCO** GALINHAS, **DUAS** ESCAPARAM. QUANTAS FICARAM DENTRO DO GALINHEIRO?

CONHECENDO OUTROS NÚMEROS

VEJA O QUE A DONA ROSA ESTÁ EXPLICANDO AOS ANIMAIS DA FAZENDA:

VOCÊS SABIAM QUE OS NÚMEROS SÃO INFINITOS? ISSO MESMO! ELES NÃO TÊM FIM. DESSA FORMA, PODEMOS CONTAR QUALQUER QUANTIDADE E REPRESENTÁ-LA COM OS NUMERAIS.

CONTE OS ELEMENTOS ABAIXO E CIRCULE O NUMERAL CORRESPONDENTE.

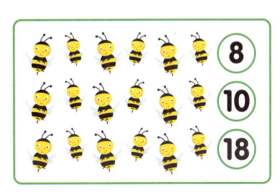

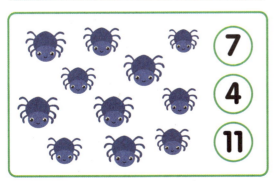

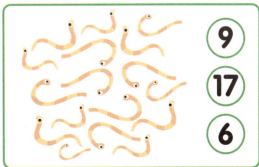

OBSERVE A SEQUÊNCIA QUE A OVELHA ROSA ESTÁ MOSTRANDO. SÃO OS NUMERAIS DE **0** A **20**. CONTE-OS EM VOZ ALTA, COLOCANDO O DEDO EM CIMA DE CADA NUMERAL. VAMOS LÁ?

1	2	3	4	5	6	7	8	9	10
11	12	13	14	15	16	17	18	19	20

ESCREVA QUANTOS DOCINHOS DONA ROSA PREPAROU EM CADA BANDEJA E PINTE O NUMERAL CORRESPONDENTE NO QUADRO ACIMA.

DONA ROSA ESTÁ MUITO CONFUSA, POIS COMPROU UM RELÓGIO QUE NÃO TEM TODOS OS NÚMEROS. JUNTE-SE À OVELHA ROSA PARA AJUDÁ-LA E COMPLETE OS NÚMEROS QUE ESTÃO FALTANDO PARA QUE A DONA ROSA POSSA VER AS HORAS.

OBSERVE O PONTEIRO MENOR DE CADA RELÓGIO E ESCREVA O NUMERAL CORRESPONDENTE AO HORÁRIO QUE A OVELHA ROSA REALIZA CADA ATIVIDADE.

COMPLETE A SEQUÊNCIA COM OS NÚMEROS QUE ESTÃO FALTANDO:

1 ___ ___ ___ ___ 6 ___ ___ ___ 10
___ ___ 13 ___ ___ ___ ___ 18 ___ ___

PARA CADA BICHINHO DA FAZENDA CHEGAR ATÉ O SEU ALIMENTO, ELE DEVERÁ PERCORRER A SEQUÊNCIA NUMÉRICA. MAS HÁ UM NUMERAL ATRAPALHANDO A ORDEM. ENCONTRE E PINTE ESSE NÚMERO.

 1 2 3 4 8 6 7 8 9 10

 10 11 2 13 14 15 16 17 18 19

 1 2 3 4 5 6 7 4 9 10

 10 11 12 13 14 15 10 17 18 19

AS CRIANÇAS GOSTAM MUITO DE VISITAR A FAZENDA SANTA ROSA. POR ISSO, DONA ROSA SEMPRE TEM UMA CAIXA DE BRINQUEDOS PARA ELAS SE DIVERTIREM.

CONTE A QUANTIDADE DE BRINQUEDOS DE CADA QUADRO E PINTE O NUMERAL CORRESPONDENTE.

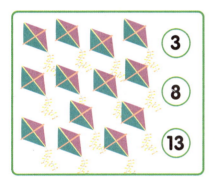
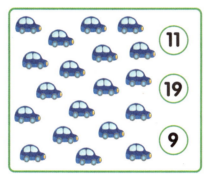
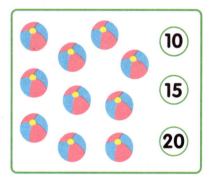

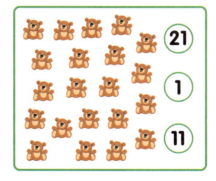
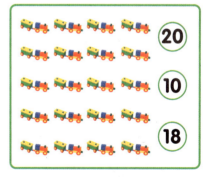
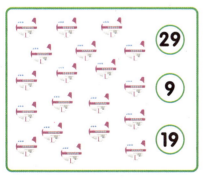
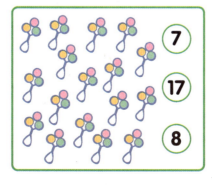
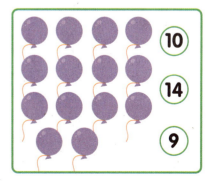

O CALENDÁRIO

O CALENDÁRIO SERVE PARA SABERMOS SOBRE O TEMPO, OS DIAS DA SEMANA, OS MESES E O ANO.

VOCÊ JÁ VIU UM CALENDÁRIO? VEJA DONA ROSA ANOTANDO NO CALENDÁRIO O DIA DE UM COMPROMISSO IMPORTANTE QUE ELA TERÁ.

PEÇA A AJUDA DE UM ADULTO PARA COMPLETAR O CALENDÁRIO DO MÊS EM QUE ESTAMOS.

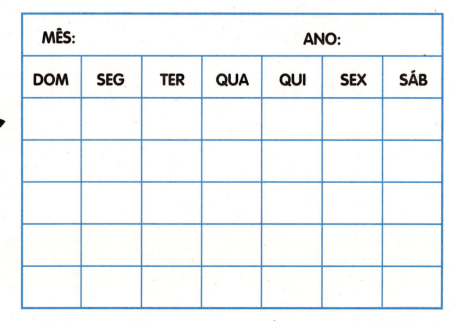

OS ANIMAIS DA FAZENDA ESTÃO BRINCANDO! A OVELHA ROSA MISTUROU OS NÚMEROS, E O CAVALO E A VACA DEVERÃO ORGANIZÁ-LOS DO MENOR PARA O MAIOR. VAMOS AJUDÁ-LOS?

QUAL SERÁ O ANIMAL DA FAZENDA QUE ESTÁ BRINCANDO COM A GALINHA E COM A OVELHA ROSA? LIGUE OS PONTOS NA SEQUÊNCIA NUMÉRICA E DESCUBRA.

QUE TAL ESCREVER OS NUMERAIS QUE ESTÃO FALTANDO? DEPOIS DE COMPLETAR O QUADRO, LEIA A SEQUÊNCIA EM VOZ ALTA.

1	__	3	4	__	__	7	__	9	__
__	12	__	__	15	16	__	__	__	20
__	22	__	__	__	__	27	__	__	__

DONA ROSA MONTOU UM BRINQUEDO DIVERTIDO NA FAZENDA. É O JOGO DO ALVO! VOCÊ JÁ BRINCOU? ALGUNS ANIMAIS SE ORGANIZARAM E ESTÃO SE DIVERTINDO COM O NOVO JOGO. REGISTRE QUANTOS PONTOS ELES FIZERAM.

DESENHE O ANIMAL QUE FEZ MAIS PONTOS E FOI O CAMPEÃO.

VAMOS COMPLETAR AS ABELHINHAS COM OS NÚMEROS QUE VÊM ANTES E DEPOIS DE:

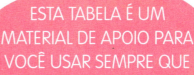

ESTA TABELA É UM MATERIAL DE APOIO PARA VOCÊ USAR SEMPRE QUE PRECISAR.

TABELA DOS NUMERAIS DE 0 ATÉ 100

0 - 1 - 2 - 3 - 4 - 5 - 6 - 7 - 8 - 9

10 - 11 - 12 - 13 - 14 - 15 - 16 - 17 - 18 - 19

20 - 21 - 22 - 23 - 24 - 25 - 26 - 27 - 28 - 29

30 - 31 - 32 - 33 - 34 - 35 - 36 - 37 - 38 - 39

40 - 41 - 42 - 43 - 44 - 45 - 46 - 47 - 48 - 49

50 - 51 - 52 - 53 - 54 - 55 - 56 - 57 - 58 - 59

60 - 61 - 62 - 63 - 64 - 65 - 66 - 67 - 68 - 69

70 - 71 - 72 - 73 - 74 - 75 - 76 - 77 - 78 - 79

80 - 81 - 82 - 83 - 84 - 85 - 86 - 87 - 88 - 89

90 - 91 - 92 - 93 - 94 - 95 - 96 - 97 - 98 - 99

100